MY FIRST SCIENCE TEXTBOOK

Protons
and
Neutrons

Los protones
y
los neutrones

Written by Mary Wissinger

Illustrated by Harriet Kim Anh Rodis

Created and edited by John J. Coveyou

Science, Naturally!
An imprint of Platypus Media, LLC
Washington, D.C.

I'm Pedro the Proton!

¡Soy Pedro el Protón!

I'm positively charged to meet you!

¡Positivamente cargado de conocerte!

I'm a subatomic particle.
Our introduction is overdue!

Soy una partícula subatómica.
¡Qué ganas tenía de saludarte!

When it comes to an element's identity, protons are the defining trait.

Son los protones quienes definen la identidad de un elemento.

28
11
Na
26
Fe
IRON
HIERRO
6
C
82
Pb
LEAD
PLOMO
COPPER
COBRE
H
HYDROGEN
HIDRÓGENO

Find six of us in carbon.

Somos seis en el carbono.

In oxygen, **find eight.**

En el oxígeno, *ocho. No te miento.*

This is Nico the Neutron.

Este es Nico el Neutrón.

He's neutral, and important, too.

Es neutro y muy importante.

He makes up
nearly half of
everything's mass.

*Casi la mitad de la
masa de todo está
formada por él.*

So he makes up nearly half of you!

¡Y casi la mitad de ti, por tanto!

Protons and neutrons are tiny. You can't see us with your eye.

Los protones y los neutrones son diminutos. A simple vista no nos puedes contemplar.

14

But no matter the state
of matter, guess what?
You'll find me and this guy.

SOLID
SÓLIDO

GAS
GAS

LÍQUID LÍQUIDO

Pero en todos los estados de la
materia, sin falta nos podrás hallar.

Our playground is the nucleus and it's where we like to stay.

Es en el núcleo donde jugamos y donde nos gusta permanecer.

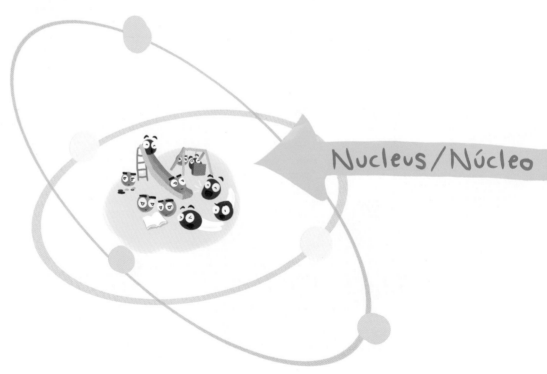

Nucleus / Núcleo

Isotopes have extra neutrons...

Los isótopos tienen neutrones extra...

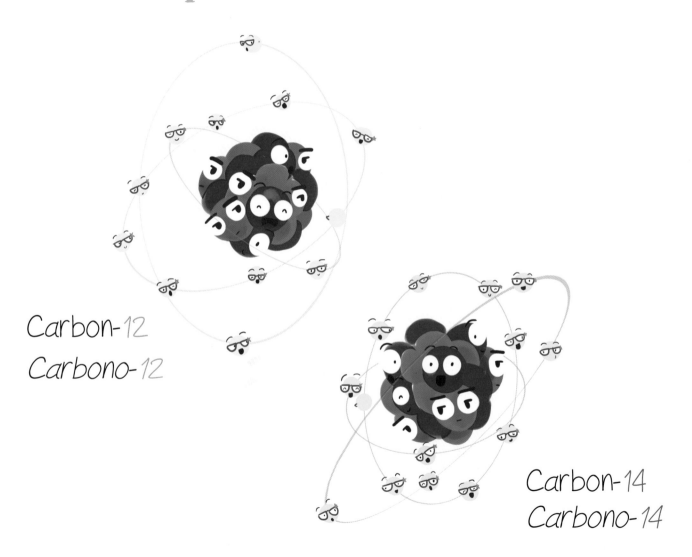

Carbon-12
Carbono-12

Carbon-14
Carbono-14

but too many neutrons may decay.

pero demasiados neutrones se pueden descomponer.

The strong force
keeps us stuck like glue.
Splitting us is a tough mission.

Una fuerza poderosa nos mantiene
bien pegados. Va a ser difícil si
nos quieres separar.

Our reaction? Explosively energetic!
It's called nuclear fission.

¿Y cómo reaccionamos?
¡Con energía explosiva!
Esa es la fisión nuclear.

I'm attracted to electrons.
Our charges are equal
and opposite.

Me atraen los electrones.
Tenemos cargas iguales
pero opuestas.

Nico is unaffected, but my attraction is quite passionate!

¡Yo soy muy apasionado, pero a Nico nada lo afecta!

When protons, neutrons, and electrons team up,

Cuando protones, neutrones y electrones se unen,

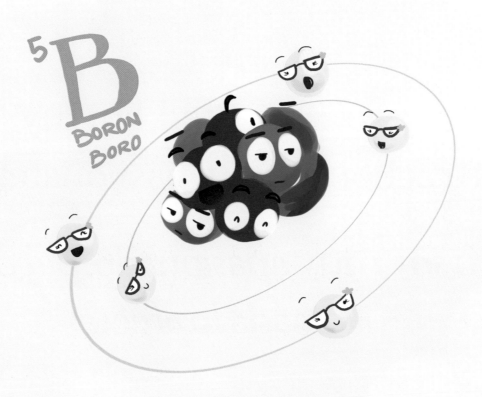

^{5}B
BORON
BORO

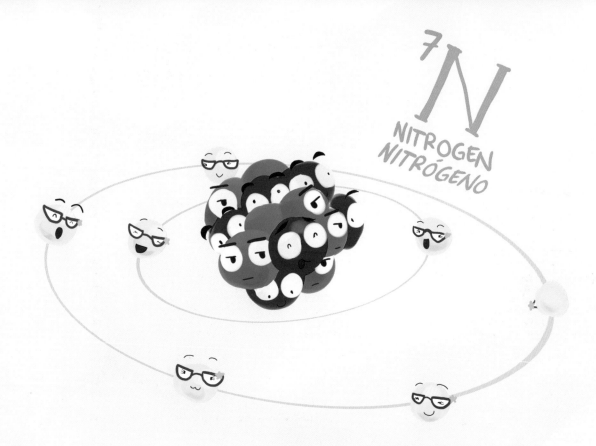

we are the best of friends.

somos amigos inseparables.

Together, we build the universe.
Our influence never ends!

Juntos construimos el universo.
¡Nuestra influencia es interminable!

Glossary

ATOMS: The building blocks for all matter in our universe. They are so small that you can't see them, and are made up of even smaller particles called protons, neutrons, and electrons.

ATOMIC NUMBER: The number of protons in an atom determines an element's atomic number, which is used to categorize elements.

CHARGE: An electric charge is a property of matter. There are two types of electric charges: positive and negative. Protons have a positive charge and electrons have a negative charge.

DECAY: The breakdown of an atom's nucleus, which releases energy and matter through radiation.

ELECTRONS: Very teeny particles with a negative electric charge. Electrons travel around the nucleus of every atom.

ELEMENT: A pure substance made of one type of atom.

FORCE: The push or pull on something when it interacts with something else. A force can cause an object to move faster, slow down, stay in place, or change shape.

GAS: Air-like substances that have no set shape or volume because the molecules in them are spread very far apart and move very quickly. A gas can expand to fill a whole space.

ISOTOPES: Two or more atoms of the same element with the same number of protons but a different number of neutrons.

LIQUID: A substance that flows freely and has volume but no set shape, like water or oil. The molecules in liquids stay close together, but they can move freely.

MASS: A measure of how much matter is in an object. Mass is different from weight because the mass of an object never changes, but its weight will change based on its location in the universe.

MATTER: Anything in the universe that takes up space and has mass. Matter makes up everything around you.

MOLECULE: A group of atoms that are bonded together to form the smallest unit of a substance that has all the properties of that substance. For example, a water molecule is the smallest unit that is still water.

NEUTRAL: An object with no electric charge, or with equal numbers of positively charged protons and negatively charged electrons.

NEUTRONS: Very teeny particles with no electric charge, found in the nucleus of most atoms.

NUCLEAR FISSION: Splitting atoms apart into smaller pieces, which releases a lot of energy.

NUCLEUS: The center of an atom, made up of protons and neutrons.

PARTICLES: Tiny, singular bits of matter that can range in size from subatomic particles, such as electrons, to ones large enough to be seen, such as particles of dust floating in sunlight.

PROTONS: Very teeny particles with a positive electric charge. Protons are in the nucleus of every atom.

SOLID: A form of matter that has a set shape and volume because the molecules in it are packed close together and do not move much. The shape of a solid only changes when a force is applied.

STATE OF MATTER: The way matter acts, based on temperature or pressure. For example, ice (solid) melts into water (liquid), then evaporates into steam (gas).

SUBATOMIC PARTICLE: A particle that is smaller than an atom and exists within it. Protons, neutrons, and electrons are all subatomic particles.

TRAIT: Something that makes an object, person, or other living thing different from others.

UNIVERSE: All of time and space and their contents, including planets and stars, and all other forms of matter and energy.

Glosario

ÁTOMOS: Son los bloques de construcción de toda la materia que existe en el universo. Son tan pequeños que no se pueden ver y están hechos de partículas más pequeñas llamadas protones, neutrones y electrones.

CARGA ELÉCTRICA: Los protones tienen una carga positiva y los electrones una carga negativa. Como los extremos positivo y negativo de un imán, las cargas opuestas se atraen.

DESCOMPOSICIÓN NUCLEAR: La ruptura del núcleo de un átomo, que libera energía y materia en forma de radiación.

ELECTRONES: Partículas muy pequeñas con una carga eléctrica negativa. Los electrones viajan alrededor del núcleo de cada átomo.

ELEMENTO: Una sustancia formada por un solo tipo de átomo.

ESTADO DE LA MATERIA: La forma en que la materia actúa, según la temperatura o la presión. Por ejemplo, el hielo (sólido) se derrite en agua (líquido) y luego se convierte en vapor (gas).

FISIÓN NUCLEAR: Dividir los átomos en pedazos más pequeños, lo cual libera mucha energía.

FUERZA: Toda acción que ejerce un objeto sobre otro. La fuerza puede causar que un objeto se mueva más rápido, más lento, se quede en el mismo lugar o cambie de forma.

GAS: Materia (como el aire) que no tiene forma ni volumen fijos ya que las moléculas en él están muy separadas y se mueven muy rápido. Puede expandirse para ocupar todo un espacio.

ISÓTOPOS: Dos o más tipos del mismo elemento en donde sus átomos tienen el mismo número de protones y un número diferente de neutrones.

LÍQUIDO: Una sustancia que fluye libremente y tiene volumen, como el agua o el aceite. Las moléculas en un líquido están bastante cerca unas de las otras, pero pueden moverse libremente.

MASA: Es la medida de cuánta materia tiene un objeto. La masa es diferente del peso porque la masa de un objeto nunca cambia, pero el peso puede cambiar dependiendo en dónde esté el objeto en el espacio.

MATERIA: Forma todo lo que está a tu alrededor, y todo lo que en el universo ocupa espacio y tiene masa.

MOLÉCULA: Un grupo de átomos que se unen para formar la unidad más pequeña de una sustancia que tiene todas las propiedades de esa sustancia. Por ejemplo, una molécula de agua es la unidad más pequeña que puede considerarse agua.

NEUTRO: Un objeto sin carga eléctrica o con el mismo número de protones cargados positivamente y electrones cargados negativamente.

NEUTRONES: Partículas muy pequeñas sin ninguna carga eléctrica, que se encuentran en el núcleo de casi todos los átomos.

NÚCLEO: El centro de un átomo, compuesto de protones y neutrones.

NÚMERO ATÓMICO: El número de protones en un átomo determina el número atómico del elemento, el cual se usa para categorizar el elemento. En la tabla periódica, el número atómico se muestra en la esquina superior izquierda de cada elemento.

PARTÍCULAS: Diminutos pedacitos de masa que pueden oscilar en tamaño desde partículas subatómicas, como los electrones, hasta partículas más grandes que se pueden ver a simple vista, como motas de polvo que se ven a la luz del sol.

PARTÍCULA SUBATÓMICA: Una partícula que es más pequeña que un átomo y existe dentro de él, como los protones, los neutrones y los electrones.

PROTONES: Partículas muy pequeñas con una carga eléctrica positiva. Los protones están en el núcleo de cada átomo.

SÓLIDO: Materia que tiene forma y volumen fijos ya que las moléculas en él están empacadas muy cerca una de la otra y no se pueden mover tanto.

UNIVERSO: Todo el tiempo y el espacio y lo que ellos contienen, incluyendo los planetas, las estrellas y todas las otras formas de materia y energía.

"For Steve."

"Para Steve."

—Mary Wissinger

My First Science Textbook: Protons / Los protones y los neutrones
Copyright © 2021, 2020, 2016 Genius Games, LLC
Originally published by Genius Games, LLC in 2016

Written by Mary Wissinger
Illustrated by Harriet Kim Anh Rodis with Uzuri Designs
Created and edited by John J. Coveyou
Translated by Michelle A. Ramirez
Spanish-language consultants: Eida de la Vega and Andrea Batista

Published by Science, Naturally!
Bilingual (En/Sp) paperback first edition • September 2021 • ISBN 978-1-938492-46-4
Bilingual (En/Sp) eBook first edition • September 2021 • ISBN: 978-1-938492-47-1
English hardback first edition • 2016 • ISBN: 978-1-945779-00-8
        Second edition • November 2020
English paperback first edition • September 2021 • ISBN: 978-1-938492-45-7
English eBook first edition • 2016 • ISBN: 978-1-945779-06-0
English board book first edition • 2016 • ISBN: 978-1-945779-03-9

Enjoy all the titles in the series:
        Atoms • Los átomos
        Protons and Neutrons • Los protones y los neutrones
        Electrons • Los electrones

Teacher's Guide available at the Educational Resources page of ScienceNaturally.com.

Published in the United States by:
        Science, Naturally!
                An imprint of Platypus Media, LLC
        725 8th Street, SE, Washington, D.C. 20003
        202-465-4798 • Fax: 202-558-2132
        Info@ScienceNaturally.com • ScienceNaturally.com

Distributed to the trade by:
        National Book Network (North America)
                301-459-3366 • Toll-free: 800-462-6420
                CustomerCare@NBNbooks.com • NBNbooks.com
        NBN international (worldwide)
                NBNi.Cservs@IngramContent.com • Distribution.NBNi.co.uk

Library of Congress Control Number: 2021937179

10 9 8 7 6 5 4 3 2 1

Printed in Canada